AF264018

ALGÉRIE.

LES SPAHIS

ET

LES SMALAS

PAR

FRÉDÉRIC SIMON.

<table>
<tr><td>CONSTANTINE</td><td>PARIS</td></tr>
<tr><td>CHEZ. L. MARLE, LIBRAIRE</td><td>CHEZ CHALLAMEL, LIBRAIRE,</td></tr>
<tr><td>2, rue d'Aumale, 2.</td><td>30, rue des Boulangers, 30.</td></tr>
</table>

1871

AVANT-PROPOS.

En ce moment où la question d'existence ou d'abolition des smalas de spahis va sans doute s'agiter, par suite des évènements de Souk-Ahras, ces quelques pages pourront avoir quelque utilité.

Je suis, certes, resté bien au-dessous de ma tâche, mais, en cas d'insuccès, je me consolerai facilement avec la pensée d'avoir écrit selon ma conscience et d'avoir été l'interprète, faible à la vérité, de l'immense majorité de mes anciens camarades.

J'ai évité de parler des faits militaires de l'insurrection. Je n'ai pas voulu porter atteinte à l'ordre du jour formidable du général Pouget : c'est un monument qu'il faut savoir respecter comme une chose rare ; mais j'ai essayé de faire ressortir, — avec plus de bonne volonté que de talent, — les causes qui ont pu les produire. Je ne sais si j'y ai réussi, mais j'ai la ferme conviction que l'institution des smalas de spahis sera, dans un temps peu éloigné, je l'espère, l'objet d'une étude approfondie et sérieuse, car elle intéresse aussi directement l'armée que la colonisation.

LES SPAHIS ET LES SMALAS.

Connait-on bien en France l'organisation des régiments de spahis? — Voilà une question qui, n'ayant jamais été faite, n'a jamais été résolue. En France, à Paris ou à Bordeaux, dans quelques salons, on a vu passer des cavaliers en costume oriental; on s'est épris du costume; les plus curieux ont cherché à connaître le nom du corps auquel il appartenait et les plus enthousiastes sont venus le revêtir en Afrique.

Il importe cependant, après les évènements qui viennent de se produire à Souk-Ahras, de donner une idée de l'organisation, du service et de la position des régiments de spahis.

Les cadres de ces corps sont composés généralement d'officiers et de sous-officiers dévoués au pays, qui, volontairement exilés dans des smalas, sont dignes de la sollicitude du gouvernement et ne méritaient pas du moins — au début de la guerre — l'oubli dans lequel on les a laissés.

Les spahis de Constantine furent formés à l'instar des escadrons indigènes organisés à Alger et à Bône. Dans la province de Constantine, mieux que partout ailleurs, la création offrait de grandes probabilités de succès; elle avait pour point de départ l'escadron turc, qui déjà, sous le nom de spahis, avait pris largement sa part de gloire dans toutes les sorties et expéditions; elle avait pour avenir les tribus guerrières des Nemenchas et du Hodna, qui pouvaient alimenter, en excellents cavaliers, son effectif.

Institués après les expériences et les corrections qu'avaient fournies les escadrons de Bône et d'Alger, les spahis de Constantine devaient arriver aux résultats constatés par les inspecteurs généraux, et lutter de tenue, de service et de discipline avec les régiments de chasseurs d'Afrique.

Pour avoir un bon et beau régiment, il a fallu, en quelque sorte, recourir aux principes administratifs de notre régime français; il a fallu corriger la paresse et l'insouciance des indigènes par le nerf de nos institutions militaires. Pour économiser des pertes et le service des chevaux, il a fallu exiger les soins du pansage; pour obtenir la propreté, inconnue des Arabes pauvres, il a fallu régulariser une tenue uniforme, etc., etc. Enfin, il a fallu de toute nécessité enrégimenter, instruire, discipliner et habiller des hommes pour qui tout travail est un lourd fardeau.

Et cependant, ce but difficile paraissait atteint, lorsque le trop illustre maréchal Randon imagina la création des smalas pour initier les spahis aux travaux de la terre et donner en exemple, aux Arabes des tribus, les énormes avantages qui ressortiraient du nouvel état de choses.

Les résultats n'ont été, au contraire, que fâcheux, pour les régiments, au point de vue militaire, et absolument nuls au point de vue agricole.

Le but principal était de répandre le goût de l'agriculture européenne parmi les Arabes, et d'arriver ainsi, par le concours des colons et des spahis, à faire de l'Algérie une des plus prospères et des plus riches colonie du monde.

La création des smalas dénotait, chez les auteurs de cette belle invention, — sans qu'on ait eu besoin d'attendre pour cela les piteux résultats qui se sont produits, — une ignorance complète de l'esprit des indigènes, de leurs goûts militaires et de leurs habitudes, ou bien, une forte dose de ce que j'appellerai l'outrecuidance administrative ou bureaucratique, qui s'imagine parer à tout avec un décret, opérer des changements à vue au moyen d'une décision, et, dans le cas présent, faire de 3,000 beaux et bons cavaliers autant de paisibles agriculteurs abandonnant, de gaîté de cœur, armes et chevaux pour se jeter, avec enthousiasme, sur la charrue Dombasle et la herse à huit ressorts.

Les sottises, surtout quand elles partent de haut, sont comme les capucins, elles vont toujours deux à deux, l'une étayant l'autre, et se prêtant un mutuel appui qui les mène « cahin-caha » au bout de leur rouleau.

La smala nouvelle venait à peine de germer dans le cerveau de son auteur, qu'une nuée de gens très-forts furent appelés à lui confectionner bourrelet et lisières pour aider ses premiers pas dans le monde. On tira des arsenaux administratifs les engins les plus formidables et les plus compliqués, qui, convenablement amalgamés, donnèrent, en fin d'analyse, un règlement spécial tout spécialement terrifiant et pour l'application des spécialités duquel on ne trouva que fort difficilement des gens spéciaux.

Or, dès que ces deux énormités furent installées, il arriva que chaque capitaine commandant, chargé de les appliquer dans sa smala, se sentant en face d'une responsabilité énorme, mit toute son intelligence et toutes ses ressources intellectuelles au service de l'idée nouvelle, veillant sans cesse à la caisse, à la bonne confection des innombrables paperasses hebdomadaires, mensuelles, trimestrielles, etc., attendant et recevant à chaque courrier des algarades et des poils en quantité suffisante pour rhabiller un singe à neuf ; nombrant, classant, entretenant ses charrues, ses herses, ses arabes et autres malpropretés qui encombraient son bordj, et, enfin, faisant, quoiqu'il en eût, du jardinage à son corps défendant.

Tous les ans, on s'ingéniait à faire du nouveau ; on donnait dans le coton en sortant des tabacs ; les luzernes et les sainfoins étaient en honneur sans faire cependant trop de tort aux trèfles.

On plantait des arbres qui avaient des noms à faire frémir.

L'avenir d'un officier reposait essentiellement sur d'heureux choix (sans calembourg) ; il fallait être non pas de son siècle, mais de son année, ce qui est difficile quand il s'agit d'arbres, car on n'en change pas tous les jours. Dormez donc tranquille quand un inspecteur général a fait la moue à vos micocouliers, n'a pas seulement regardé vos chionanthes de Virginie ni vos caraganas, et a fait la remarque, en déjeunant, que votre jardin était absolument veuf de vernis du Japon ou de baguenaudiers d'Alep !!!

Une chose bien plus importante était absente aussi, et l'inspecteur ne s'en apercevait guère : c'était l'esprit militaire et toutes les qualités qui le composent, moins visibles à l'œil qu'un micocoulier et cependant d'une bien grande nécessité dans une réunion d'hommes armés pour le pays et payés par lui pour garder précieusement le germe des vertus qui, au jour du danger, font éclore les chauds dévouements et ces belles abnégations du soldat qui vont jusqu'à la mort.

Quelques officiers et sous-officiers indigènes, désireux de complaire, au moins en cela, à l'autorité, labouraient près du chemin principal, et à portée de la vue d'un myope, une parcelle de terre quelconque à l'aide des charrues françaises; mais le reste de l'escadron labourait sournoisement, dans les coins éloignés, avec la charrue de ses pères et les bras des khammès, se souciant des progrès de l'agriculture, du maréchal Randon et du règlement spécial — par lui inventé, — je ne dirai pas comme de changer de chemise, mais comme de changer de femme.

Je ne veux pas parler plus longtemps de ce règlement, si ce n'est pour y relever une des nombreuses anomalies qu'il contient. On engage fortement les officiers à se livrer à l'élève du cheval, mais, pour éviter des abus, on leur interdit expressément la culture. Où donc est l'officier assez renté pour avoir à lui une jument et attendre le poulain pendant quatre ans au moins avant de le vendre à la remonte? Sans compter que sa jument peut ne lui donner que des pouliches.

Il est probable qu'ici l'élève du cheval voulait dire l'achat d'une bique que l'on refait pour la revendre ensuite à bon bénéfice; mais ce métier, en bon français, s'appelle simplement maquignonnage, si je ne m'abuse, et l'élève du cheval, entendu dans ce sens, a été complètement laissé de côté.

A-t-on trouvé au moins une compensation dans l'établissement de ce nouvel ordre de choses? Non. Les spahis, au point de vue agricole, sont toujours les routiniers des temps passés, mais ce ne sont plus les spahis. Les jeunes gens de la bourgeoisie arabe venaient au régiment pour l'honneur, pour être quelque chose, approcher l'autorité, combattre, dans un jour de poudre, au milieu d'un groupe discipliné et jouissant d'une réputation, bien méritée, de bravoure et d'entrain; un spahis était quelque chose. Agent toujours fidèle, sa présence et son burnous imprimaient aux malfaiteurs, qu'il était chargé d'arrêter, cette terreur secrète, inexplicable, qui, en France, a sa source dans le chapeau et le baudrier du gendarme, et dont les mystérieuses effluves vont au loin couper bras et jambes aux plus déterminés coquins.

La bourgeoisie, dégoûtée du métier, s'est retirée et a fait place aux gens qui ne s'engagent que pour la solde. Moralement, la différence est immense et la perte incalculable.

Les smalas ont tué les spahis, comme elles tueraient même les gendarmes si jamais on avait l'idée de les soumettre à ce désastreux régime.

Je me permettrai de dire à nos gouvernants : Mais gens à trente-six idées que vous êtes, quand vous en rencontrez une bonne, suivez-la donc jusqu'au bout et ne la lâchez qu'après en avoir tiré tout ce qu'elle peut donner.

Depuis qu'on a formé un escadron de spahis célibataires, on a reconnu que l'idée était bonne, et je me demande pourquoi, aujourd'hui, il n'y a pas au moins par régiment deux escadrons établis sur ce pied-là, en attendant le reste.

Nos tirailleurs indigènes ont une réputation militaire très-enviable, et des escadrons mobiles ne leur céderaient en rien, j'en suis certain, et feraient honneur à l'Algérie, le cas échéant.

Mais que ferez-vous des smalas? me diront les partisans quand même de cette triste institution. Je vous le dirai tout à l'heure. Pour le moment, je poursuis mon chemin et je ne tarderai pas à arriver à la smala, où j'espérais cependant ne jamais remettre les pieds.

En effet, forcer l'homme oisif à un travail qu'il ne comprend et n'admet que bien difficilement, en le privant de ses petites ressources, lui, pauvre et avare, était-ce assurer la réussite de la tâche que l'on s'était imposée ?

Les officiers et sous-officiers, malgré tous leurs efforts ne sont pas aptes à enseigner la culture, parce que le métier des armes n'est point compatible avec les travaux des champs.

Logés dans des bordjs, les officiers et sous-officiers, découragés de l'insuccès de leurs travaux, abandonnèrent très-facilement ce qu'ils avaient commencé avec pas beaucoup d'acharnement ; et, loin de la société, privés de toutes distractions, ne recevant que, par hasard, quelques journaux, n'ayant même pas la plus petite bibliothèque à leur disposition, cherchèrent dans les délices de la table et des liqueurs quelque soulagement à leur profond ennui.

L'absinthe, la liqueur poison, devint la favorite de ces militaires ermites. Et que de ressources d'esprit n'a-t-elle pas absorbées ! Et puis, à ce genre de plaisir vint se joindre le jeu, la ruine de tant de jeunes gens. Telles furent, dès-lors, les occupations qu'ils adoptèrent.

Si l'on envisage maintenant les funestes effets qu'ont produits jusqu'à ce jour les smalas, on a droit de s'effrayer du résultat au lieu d'en être satisfait, et on se demande comment il se fait qu'une création émanée d'une idée qui devait être progressive, demeure si longtemps dans un *statu quo* si remarquablement étonnant.

Si l'étude sérieuse de l'organisation des smalas n'est

pas encore faite, il est cependant grand temps de s'en occuper ; il ne s'agit plus de les visiter en courant, chassant et par curiosité, de charmer ses regards par l'originalité des turbans et des burnous rouges ; il faut penser qu'il existe ou n'existe pas une idée génératrice dans la création des smalas, et que, dès-lors, il faut réorganiser ou dissoudre.

On peut donc inférer que l'insurrection dont les spahis de la smala d'Aïn-Guettar (Souk-Ahras) se sont rendus coupables, découle principalement de l'organisation vicieuse des smalas.

La nouvelle mission qu'on a voulu imposer aux spahis, en les obligeant à s'occuper d'agriculture, loin de leur inspirer du goût pour leur état et le désir d'acquérir les connaissances militaires qui leur manquent, porta au contraire l'ennui et le découragement parmi le plus grand nombre d'entre eux.

Tout est prestige et illusion dans la vie ; l'état militaire, plus que tout autre, a besoin de s'entourer de tout ce qui peut en rehausser l'éclat aux yeux des Arabes.

Était-ce en lui donnant une destination qui n'a jamais été la sienne et qui devait ravaler le spahis à ses propres yeux, que l'on pouvait espérer maintenir d'une main ferme la discipline, qui fait toujours la force, et ne pas laisser tomber en désuétude les traditions de dévouement qui honorent ces régiments ?

Je ne veux pas m'étendre sur les causes qui ont pu amener les fâcheux événements de la smala d'Aïn-Guettar : je ne suis pas assez bien renseigné pour cela.

Je dirai seulement — en faisant mes réserves — que la conduite des Indigènes gradés doit être fortement compromise, et qu'ils ont manqué à tous leurs devoirs en ne prévenant pas leur capitaine-commandant de la conjuration qui a dû se tramer sous la tente, dans les douars, longtemps à l'avance, et qu'il leur a été matériellement impossible d'ignorer.

Le capitaine B******, qui commande la smala d'Aïn-Guettar, est un ancien et brave officier de l'armée d'Afrique, qui a toujours été esclave de son métier. Son escadron était parfaitement monté et équipé. C'était peut-être — chose pénible à dire — l'escadron de spahis de toute l'Algérie sur lequel il était permis d'établir la plus grande confiance.

Son chef ne peut être nullement responsable des faits regrettables qui sont arrivés, qui ne sont d'ailleurs que la conséquence de la fermentation qui existe actuellement en Algérie, et qui devait facilement se faire jour dans les smalas, où l'absence de discipline ne permettait guère d'en arrêter l'explosion.

Le capitaine B****** est d'une probité reconnue. Il a fourni à l'heure présente — ce qui est je crois sans exemple — une carrière de trente années de service, dans le même régiment de spahis, sans que son honorabilité ait été un instant mise en doute.

Et cependant..., le spahis indigène est soupçonneux, défiant : quelque justice qu'on apporte dans les paiements de solde et autres allocations, il suppose toujours que ceux qui sont chargés de faire son compte lui font du tort. Quelque clarté qu'on y apporte, sans comprendre la manière dont les comptes sont établis, sans se donner la peine de se les faire expliquer, il pense toujours qu'on ne lui donne pas ce qui lui revient. Malheureusement, ses soupçons injurieux, pour ceux qui en sont l'objet et qui sont naturellement ses chefs, font perdre à ces derniers la considération due à leur grade, à leur position, et partant nuisent à la discipline.

Le capitaine B****** n'avait jamais eu à souffrir de pareilles injures. Aussi, est-ce ailleurs qu'il faut chercher les vrais motifs du soulèvement de son escadron : L'incurie crasse des officiers et sous-officiers indigènes ; le manque complet de discipline, conséquence forcée de l'institution des smalas, et, aussi peut-être, une trop grande confiance de la part du chef pour des hommes qui, à la vérité, n'avaient jamais fait preuve que de dévouement, me paraissent être les causes d'une révolte malheureuse, en ce sens surtout qu'elle détruit pour longtemps la considération que l'on avait pour les régiments de spahis.

Sans doute, l'ordre du départ pour la guerre en France a bien été, à proprement parler, le signal de l'insurrection, mais je pense que cet ordre, qui est arrivé beaucoup trop tard, aurait néanmoins reçu son exécution si la discipline dans ces régiments n'était pas, par suite de la création des smalas, passée à l'état de lettre morte.

L'escadron mobile, où la discipline règne, nous a fourni un bon exemple ; personne n'a murmuré. Tous les spahis qui le composent se seraient embarqués comme un seul homme, et, malgré la triste révolte de leurs camarades de la smala, ils n'en ont pas moins fait leur devoir, comme, sans doute, ils le font en ce moment en Kabylie ou ailleurs.

Je ne doute pas que cet escadron représente les spahis de l'avenir, et que, par conséquent, il est de toute nécessité d'abandonner les smalas ou, mieux, de les réorganiser.

Cette vérité, une fois reconnue, il en résulte l'obligation d'établir un système qui change la destination des smalas, abolisse les préjugés qui les paralysent, et qui leur permette de rendre les services dont elles sont capables.

Ce sera là un changement radical, je le reconnais, qui devra nécessairement rencontrer une grande opposition auprès des volontés myopes; mais cette opposition, toute sincère et naturelle qu'elle puisse être, finira, je l'espère, par être surmontée le jour où il sera bien démontré que la destination première des smalas a été mauvaise.

Sans les abandonner, ne devrait-on pas laisser les spahis à leurs occupations toutes militaires?

Ne pourrait-on pas remplacer ces cavaliers par des fantassins, et même mieux, laissons à l'armée les soins de la guerre, laissons, malgré cela, subsister les smalas qui ont un excellent but que l'on pourra certainement atteindre un jour.

Ne pourrait-on, par exemple, autour de ces établissements, décréter la formation de villages européens, comme il en existe auprès des grands centres? Les bordjs serviraient de point militaire, conservant leur ancienne utilité, en assurant protection aux colons. Ceux-ci, en échange, prendraient leurs khammès et leurs ouvriers dans les tribus avoisinant les bordjs, et, principalement, dans les familles de spahis composant le poste protecteur.

Les spahis non gênés dans leur service pourraient suivre alors avec intérêt les travaux des gens de leurs familles, surtout si on leur donnait quelque profit dans les récoltes, et mettraient toute leur volonté à bien faire et à suivre les bons exemples qu'ils auraient constamment sous les yeux.

Les smalas offrent toutes les ressources désirables. Installées sur des points choisis, elles donnent la plupart, en abondance, de l'eau, du bois et même les matériaux nécessaires à la construction.

Il est donc incontestable que la création de centres européens, sous la protection des bordjs, aurait la plus heureuse influence sur l'avenir de la colonisation, tout en peuplant en partie les frontières et en ramenant les régiments de spahis à un esprit militaire plus discipliné et mieux entendu.

L'entreprise présentera, il est vrai, de grandes difficultés, mais elles ne sont point insurmontables. Il faut semer avant de recueillir. La patience n'est pas moins nécessaire que la valeur lorsqu'on veut obtenir les résultats que doit attendre la France d'une colonie qui, un jour, offrira d'immenses avantages à son commerce et une seconde patrie à une population meurtrie et ruinée par la guerre actuelle.

Frédéric SIMON.

Tébessa, le 20 février 1871.

www.ingramcontent.com/pod-product-compliance
Lightning Source LLC
Chambersburg PA
CBHW050736070726
47597CB00009B/3948